Guy Boulianne

Avant-propos d'un prince fou

Éditions Dédicaces

AVANT-PROPOS D'UN PRINCE FOU. par GUY BOULIANNE

PREMIERE EDITION : 1er octobre 1983

EDITIONS DEDICACES LLC

www.dedicaces.ca | www.dedicaces.info
Courriel : info@dedicaces.ca

Guy Boulianne

Avant-propos d'un prince fou

Mon cher Gust

Ta poésie est fondue
dans la vie.
C'est profond et du
grand art
Pierre Perrault

LA NUIT RALLUMÉE

Un lit, doux et profond, patiente ton corps
Si jeune et si frais d'éternelle rosée,
Le givre au dehors se couvre d'étoiles
Et la nuit s'éteint pour faire place à ta vie.

Sonnent les cloches ! Vibrent les trompettes !
Ma lyre est un chant où se fond mon amour ;
Mes larmes s'évaporent sur des joues parsemées
Par un seul éclat d'un soleil réchauffé.

Encor' n'es-tu point là que déjà je te berce,
Mon sein attend que ta bouche s'y pose ;
Le miel de tes lèvres, la douceur de tes mains
Pour moi sont le baume et l'espoir de demain.

Les oiseaux dans le ciel tissent ton berceau,
Fait de paille et de plumes, un lit doux et profond
Où ton corps jeune et beau, dans la nuit rallumée,
Dormira sur le chant de ma lyre en amour.

À ma fille Jacqueline
Quelques jours avant sa naissance
(2 janvier 1986)

LE SILENCE EST PAIX
LA PAIX FAIT LE SILENCE

AVEC L'AIDE PRÉCIEUSE
D'UN RENARD ROUX...

Chapitre premier

Lettre à ma reine

TENDRE MÉLODIE

Les rideaux se sont baissés,
La valse se termine
Sur des notes aiguës,
La peine de mon coeur crie en myriades
Les souffrances de l'amour

Ma seule femme,
Épouse de sang et de chair,
Unique source de vie

Toi qui es si loin,
Tu m'as quitté pour le royaume,
Tu m'as laissé seul pleurant ton souvenir.
J'avais tant à te dire,
Ma bouche était cousue de fil
Et mes yeux étaient fermés,
Le regret de ne pouvoir chanter tes chansons
Et les miennes

Si tu savais comme je t'aime

Je crois mourir de toi
Mon âme se meurt de toi
Mais de corps je ne périrai
Car je te dois mille et mille choses

QUE LES RIDEAUX SE FERMENT

Pour moi, ta valse continue
Et sans cesse je fredonnerai ta mélodie

SANS CONTREDIT

Les montagnes sont hautes et grandioses
L'eau est claire et limpide
La terre est douce et chaude
Le ciel est large et éclatant
Les nuages sont blancs et resplendissants
Les oiseaux sont légers et majestueux

Mais ma mère,
Bien sûr,
Est la meilleure de toutes

TU N'Y ÉTAIS PAS

I

Je cherche toute la nuit
Et ne vois que des ombrages

Je t'ai cherchée dans le salon
Où, impuissante
Tu souffrais ton martyre

Je t'ai cherchée
Dans la chambre
Où tu rêvais (…) te reposer

J'avançai quelques pas
Espérant te voir chanter
Les airs qui t'égayaient…

Tu n'y étais pas

II

Je te cherche encore,
Dans les bois
Où tu fus reine...

Sans doute es-tu partie
Pour un lointain pays.
Tu auras oublié, dans ta hâte,
De laisser note de ton
Départ

Dans ce cas j'ai confiance,
Tu reviendras

Mais si un malheur
t'arrivait
Comment te rejoindrais-je?

Je serais blême
Comme l'écume des mers
À te savoir perdue en quelque lieu

Je frissonnerais
Comme la feuille tremblante
Si ton cœur était blessé

L'inquiétude me gagne tout à coup
À te savoir loin,
Sans nouvelles

Je te cherche, je te cherche
Et ne te trouve point...

J'ai peur

III

O que de bavardages,
Je sais bien qu'au fond
Tu es partie pour de bon

Me laissant chétif
À de vaines espérances

Je sais bien que ton pays
Est la nuit
Et qu'à jamais tu y demeureras

Je t'ai fait tellement de peine
Avec mes humeurs terribles

Ah! et en un sens,

Peut-être as-tu bien fait!

IV

REINE REINE REINE

Je souffre à te savoir loin,
J'aurais beau t'écrire mille lettres
Ce serait mille illusions

Dis-le moi que tu es morte…

Je ne le crois pas

SANS TITRE

Quand les feuilles poussent en mois de quête
Une fleur unique, parfum de rose, quitte la terre
Année de je ne sais quoi
Roue mouvante - immobile tue le temps
Année de révolte - de paix - d'éclipse
Nuit sans fin de recherches intelligibles
Tôt ne fut que je pus prononcer les paroles
Encore retenues et toujours regrettées

Souvenir - maman - souvenir
Et demain courir dans les prés
Pétrir le destin en une séquelle
Trouver la route de ma peine

Avenir, dicte-moi les lettres - les mots
Nourrir le pays de sang et de chair
Souvenir - maman je t'aime

MA MER'

MA MER', espoir de mes nuits
Splendeur de mes jours,
Celle qui a fait naître en moi
Les secrets de l'amour
Celle qui a protégé mon frêle bateau de papier
Si vulnérable dans la tempête

MA MER', celle qui m'a donné vie
En ces lieux où joyaux et rubis,
Où émeraudes et saphirs se côtoient
Mais qui en fait ne sont que l'infime partie
De ses nombreuses richesses

MA MER',
Continue de vivre
Pour que longtemps je puisse naviguer
Sur la valse de tes vagues

MA MER',
Continue de vivre
Pour que longtemps je puisse admirer ta beauté,
Tes richesses dont jamais je ne me lasserai,
Que toujours je regretterai

Chapitre deuxième

Mon sélam de fleurs

CIRQUE ANTIQUE

Chapiteau qui recouvre
La terre mouillée
Chapiteau qui recouvre,
Bientôt,
Sourires glacée.
Mais pour l'instant,
Comme des fourmis
Qui travaillent avec vigueur,
Les hommes du décor
Préparent cette fête
De demain

Chapiteau qui recouvre
La terre mouillée
Chapiteau qui recouvre,
Bientôt,
Le passé d'un futur
C'est le cirque qui,
En ville,
Arrive

Cirque antique,
Demain,
Sèmera la joie
Sèmera des cœurs
Sèmera des sourires.
Cirque antique,
Le passé d'un futur
Et le souvenir d'un passé

Cirque antique
Je te vis
Comme tu me vis,
Cirque antique
Mon amour.

ESPOIR

O printemps d'été
Viens que je te caresse,
Mille verres
Dans la pupille de tes yeux

Tendresse de mes divins
Espoirs
S'assouplit sous l'ombrelle
De mes sourires.
Oiseaux bleus
Et multicolores
Voltigent dans le ciel
Ouvert de ses grandes voiles

Peine et tristesse
Coulent et se laissent flotter
Sur la rivière
Froide et glacée

Et moi je grandis,
Car j'écris l'amour
Qui me passe
Par le bout des doigts

LA MUSIQUE DE MES SILENCES

Dans le vert
Et le bleu de mon pays,
De ma plume
Prennent naissance
Consonnes et syllabes,
Paroles d'ailleurs

Cire qui coule,
Cire qui pleure
Comme un enfant nouveau-né,
La bougie,
De sa flamme,
Éclaire mon parchemin

Mirages et visions
D'un passé et d'un futur,
Dans ma tête
Des images vont et viennent,
Des images du paradis
Des images de l'enfer

Dans la nuit chaude et confortable
De mes vingt ans,
Étendu sur un nuage de rêves,
J'écoute la musique de mes silences

Les étoiles me tiennent compagnie
Tandis que les hommes d'en bas
Se volent et se méprisent

De ma plume
Prennent naissance
Violloncelles et mandolines,
Un orchestre et ses lutins
Et ce soir
Un bal y prend place

Hommes et femmes
- Mais sans cornes -
Sont tous là, alignés
Et bien soignés

Les femmes portent
De longues robes de soie
Et de dentelles,
Et de magnifiques coiffures
Ornent leurs jolies beautés

Les hommes,
La tête bien haute,
Étrennent leurs habits du dimanche
Et des médailles de toutes sortes
Décorent leurs poitrines gonflées

La musique de mes silences s'éteint
Pour faire place
Au "DO-RÉ-MI",
DO-RÉ-MI d'une musique joyeuse
Et les lutins,
Qui de leur souffle,
Font chanter leurs flûtes merveilleuses

Ce soir,
C'est un bal dans ma tête

Ce soir,
Tandis que les hommes d'en bas
Se volent et se méprisent
C'est un bal dans ma tête

Demain,
Étendu sur un nuage de rêves,
J'écrirai des invitations
Pour les hommes d'en bas

Demain,
En écoutant la musique de mes silences,
J'écrirai des invitations
Pour mon prochain bal.

FIN ABSOLUE

Les nuages laissent tomber
Leurs dernières gouttes
Sur la rivière de mon enfance.
Les oiseaux, comme mes pensées,
Battent des ailes
Jusqu'au gîte retrouvé.
Les arbres dansent dans le vent
Tandis que les feuilles
Se hâtent à venir au monde

Au loin, sur une île de diamant,
Une femme est là
Perdue dans la brume
Et plus loin encore,
Des enfants sautent
Les barrières de feu
Qui se dressent devant eux.

Les serpents et tous les reptiles
Se donnent la fête
En cette nuit de fin absolue

Devant le miroir de ma chambre,
Je regarde mon visage
Rempli d'amertume,
Devant le miroir de ma chambre,
Un pays se dessine
Au profond de mon cœur
Et je sais, dans ma tête,
Qu'un avenir m'attend,
Un avenir que je suivrai
Jusqu'à la mort…

AVANT LE CHAOS

La mer,
Paisible et calme,
Reflète la lune
Qui se balance entre les étoiles

La brise du vent
Me frôle le visage
De sa douce fraîcheur
Et le cri des mouettes
Qui percute dans ce silence
Me rappelle les berceuses
Que mère me chantait.

Le village qui dort
Et moi qui suis là
À savourer le sommeil
De chacun
Comme une sentinelle
Qui monte la garde

La nuit m'apporte abondance
Dans mon cœur
Et la noirceur
Repose mes yeux fatigués

Cette nuit d'amour
Me quittera bientôt
Pour faire place
Aux chauds rayons du soleil,
Le village s'éveillera
Et avant le chaos,
J'irai me coucher
Dans la nuit de mes paupières.

DIAMANT PERDU

Dans un désert d'or fin
  Je marchais
  Je courais
  Je dansais
Dans un désert d'or fin
  Je vivais

     Au creux d'un puits asséché
     Une pierre précieuse
      J'ai trouvé
      J'ai pêché
     Au creux d'un puits asséché
     Une pierre précieuse
      J'ai gardé

Heureux comme un roi
  J'ai crié
  J'ai chanté
  J'ai dansé
Heureux comme un roi
  J'ai fêté

     En montant la colline
      J'ai glissé
      Je tombai
      J'échappai
     En montant la colline
     Pierre précieuse
      J'ai cherché

Dans un désert d'or fin
  J'ai pleuré
  J'ai pleuré
  J'ai pleuré
Dans un désert d'or fin
 Diamant perdu
  J'ai pleuré

BIOGRAPHIE

Je suis celui qui n'est pas,
Je suis comme un brin d'herbe
Perdu dans un grand pré
Au pied d'une montagne enneigée.

RÉVOLTE

Dans mon cercueil de verre,
Impuissant aux yeux du monde,
J'observe avec lassitude
La vie se dérober devant moi
Et dans mon cœur
J'ai envie de briser
Cette barrière
Qui m'empêche de m'épanouir
Et de me faire voir du monde

ARBRE EN DEUIL

Arbre en deuil
Dénudé
Arbre en deuil
Qui, printemps, pleure
Arbre en deuil
Dénudé de ses feuilles,
Feuilles qui sont tombées
Ou qui l'ont laissé tomber,
Arbre en deuil
Cesse tes tourments,
Ton ami est là,
Tes amis reviendront.

CAUCHEMAR

Ballon rouge, gonflé
Et désemparé,
Flotte toujours dans la profondeur
De l'espace noir et vide

Le cri des vautours
Est comme celui d'une sirène,
L'alerte.
Les enfants aux petites jambes
Sautent
Et les adultes dansent

Les oiseaux n'ont plus d'ailes
Et les poissons, plus de nageoires

Seul, encore seul, toujours seul,
Le silence.
Le serpent cherche sa proie
Se laissant glisser
Rampant avec grâce

Pyramides de pierres
Et de mortier,
Désert de sable,
Désert d'amour

Je voyage dans le temps,
Je voyage dans la vie,
Au pays de liberté et de volupté
Je nage
Dans le vent

Des couleurs, des rouges, des jaunes, des verts
Se multiplient
Saveur d'une joie passée
Et d'un souvenir oublié

Une fleur blanche
Pousse dans l'eau,
Pétales pointus
Et le chien qui court
Après sa queue

La fumée noire
D'une longue cheminée
Noircit le cœur de chaque beauté
Et le lion, qui toujours,
Dort après repas

Les pieds sont larges
Et les têtes sont petites,
Des gros yeux mais petites bouches.
L'eau est froide, très froide
Et beaucoup d'écume
Quand j'y plonge.

Je suis bien
Quand je rêve
Mais je suis mal
Quand je vis

De toute façon
Je suis mort
Au jour où je suis né

HÉROS DE POUBELLE

Le monde est fou
Malgré son apparence,
L'hypocrisie fait le bien du monde
Les femmes rient des hommes
Les hommes rient des femmes,
Réciproquement

Le pénis gros et laid
Vulgaire et malade,
Oui au patron - non au mari
Est écrit.
Les femmes rient des hommes
C'est laid, on n'aime pas

Petit sexe rose en éclat
Fragile et vulnérable.
On les viole par manque de respect.
La bonne est meilleure
Qu'on ne peut s'en passer -
On y revient
Chaque fois héroïque
La salive débordante
L'épouse gisant sur le drap
Patiemment attend -
Pénétration vaginale.

Le mari essouflé,
Je t'aime chéri(e)

Hypocrites

L'homme est vicieux
La femme est fantasmes,
Comment s'entendre ?
- signer un pacte
chose impossible -
Pacte de Satan
Trop beau pour nous

J'accuse le sexe
D'être profanateur de justice
Et je condamne hommes et femmes
À mourir de folie,
Non respect de l'amour

AMOUR SYMÉTRIQUE

Mon crayon s'agite
À écrire ce qui fut, ce qui est.
Ce qui sera HA HA HA

Il en bave de plaisir

Pauvre crétin.
Je suis pauvre crétin
Dans l'amour symétrique de la folie
Pure

Pauvre fou,
Qui aime qui aime et...
...Qui aime HA HA HA
Fou à lier, pauvre crétin

Amour sans avenir,
Je te hais.
Amour sans avenir,
Si tu voyais HA HA HA...
...Ma peine

Le bout du canon sur ma tempe,
J'appuie la gachette,
C'est fini c'est fini...
...C'est fini

Amour sans avenir,
Je t'aimais

EFFRONTÉS EN SUEUR

Les flots
Et les flots
Qui coulent
Dans la mer
Et les vagues qui se heurtent
Aux rochers du rivage,
Laissent de leur retour
Les coquillages de leur mémoire

La marguerite épanouie, ensevelie,
Évanouie je ne sais trop,
L'amour de ma mère
Celle que j'aime
Et les roses et les violettes
Et les lilas
Dansent autour du feu
Comme des papillons de nuit
Dans la folie de leur ignorance

Carriole de vent qui ramène
Régiment d'oiseaux
Du sud et de l'équateur
Et les abeilles et les mouches
Et les moustiques
Qui bourdonnent des ailes
De fleur en fleur
De coeur en coeur

L'herbe qui bande
Au printemps d'hiver,
Les arbres qui se réveillent
Par leurs bourgeons naissant

Les poissons qui nagent
Dans l'eau encore glacée,
Le ciel qui délivre
Ses plus beaux nuages,
La terre qui fait bondir
Ses meilleurs fruits

LE RENARD QUI SORT DE SON GÎTE

Et l'homme à sueur de front,
Dans l'usine poussiéreuse
De son orgueil,
Travaille à détruire
Ce bonheur créé par DIEU...

SANS TE PERDRE

Mon corps excité et tendu
Se promène fébrilement
Parmi les algues roses et veloutées
De tes entrailles

Tranquillement, je remonte à la surface
De ta rivière
Me laissant flotter par la douceur
De tes vagues

La lumière de tes yeux
Dessine le profil de tes montagnes
Me transperçant le coeur
De ton amour fidèle - si non -
Précieux

Mon amour,
De tout mon corps, je t'aime
Et sans te perdre
Je vivrais l'éternité

CRÉATURE DES OCÉANS PERDUS

Serait-ce le fruit de mon imagination
Que de t'entendre dire JE T'AIME ?
Toi femme de mes rêves,
Conçue d'aspects irréels,
Engendrée d'une façon impropre à l'humanité,
Fécondée par le dieu des sept mers

Serait-ce toi qui aurais prononcé
Ces mots sacrés
Qui font d'un homme un amoureux
Et d'une fleur un nid d'amour ?

Toi créature fabuleuse,
Sortie des profondeurs des océans
Pour envahir les esprits crédules,
Serait-ce toi sur qui mon épée
Doit s'abattre
Pour que le sang de tes veines
Venge celui de tes proies ?

Condamnée par tous les écrits
À errer dans les abîmes,
Retourne à ta grotte
Et restes-y
Pour qu'enfin l'amour
Soit signe d'espérance

ÉPITAPHE - d'un prince fou

Dansez grandes dames
Dansez,
Dansez autour de vos victoires
Dansez

> Je suis prince damné
> De maintes voluptés,
> Mon sang est sec
> À vomir mille blessure
> > Vos blessures

Dansez grandes dames
Dansez,
Dansez autour de vos victoires
Dansez

> Mon sélam de fleurs
> (secrets ravalés)
> Envoûte mes débris de conscience,
> O ma pauvre tête
> > Non pas la vôtre

Dansez grandes dames
Dansez,
Dansez autour de vos victoires
Dansez

Les troubadours
Chantent dans ma cour,
Les portes sont fermées
Et les clowns, en éclats, font rire
Vos masques fins

Dansez grandes dames
Dansez,
Dansez autour de vos victoires
Dansez

Moi pleurer !!!
Me prenez-vous pour une dame,
Ma carapace est bien trop lourde
Il faut la porter jusqu'à l'échafaud
Pour votre beauté... bien sûr

Dansez grandes dames
Dansez,
Dansez autour de vos victoires
Dansez

Mais non, je ne suis pas ce qu'on dit,
J'ai le coeur dur
Mes mains sont fermées
Comme des cactus rongeant la peau
Que croyez-vous ?

Dansez grandes dames
Dansez,
Dansez autour de vos victoires
Dansez

Vous riez dans vos mouchoirs
À regarder les gens pleurer,
La souffrance est votre plaisir
Et la moquerie... votre musc
            Quel dégoût !

                Dansez grandes dames
                Dansez,
                Dansez autour de vos victoires
                Dansez

Le temps me manque
Pour vous décrire
Fidèle à l'ignominie
Qui vous va ohhh, à ravir
            Que vrai !

                Dansez grandes dames
                Dansez,
                Dansez autour de vos victoires
                Dansez

Je suis fou, nommé prince,
Aux côtés de vous
Mon château est cauchemar.
Sortez, que la musique commence
            Les rats seront vos cavaliers

                Dansez vilaines dames
                Dansez,
                Dansez autour de vos tombeaux
                Dansez

SERPENT INFERNAL

Le vent frappe à ma fenêtre
Me suppliant par ses lamentations
Délirantes.
Mes oreilles ont peine à supporter
Ses cris de détresse

Que faut-il faire pour arrêter
Ce fracas de souffrances
Qui perturbent mes nuits ?

Vagabonder dans un jardin
De fleurs fanées
À jamais écrasées
Sous les débris d'"une société perfide.
Le silence fait appel à ma raison
Qui se désagrège elle aussi
Dans la fumée d'une ville infernale

LE SERPENT ENLACE MES MEMBRES ENGOURDIS

Le miroir de ma chambre
Me renvoie les reflets de l'infini,
Les couleurs se décomposent
Dans le prisme d'un coeur brisé

Les anciennes prostituées se lavent les mains
Et les jeunes vierges
Donnent leurs pubis
Aux démons, violeurs de pureté
À quoi bon tourner en rond,
Se promener sur les sentiers cul-de-sac
Pour revenir sans cesse
Sur le carrefour de la folie ?
Les reptiles envahiront la terre,
Les crapauds mangeront nos cervelles
Et les vautours danseront
Sur nos charognes

Allumez le feu, GYPSIES !
Célébrez dans la forêt
La mort du poète.
Allumez le feu et
Dansez dans l'ivresse, épousez vos femmes
C'est la Bohème, pays de l'oisiveté

Les yeux plongés dans l'océan,
Les doigts pointés vers le ciel

Le miroir de ma chambre
Reflète le maudit,
L'innocence corrompue
Prostituée pour quelques dollars

TRAHISON TRAHISON TRAHISON

Coeurs méprisés, dédaignés
Par la convoitise du mal,
Consolez-vous et sautez dans le vide
Du temps
Mâchez vos mots et fermez vos yeux

La nuit tombe et le soleil s'éteint
Allumez vos phares
Sans quoi vous glisserez dans la boue,
Le sable mouvant vous engloutira
Savourant jusqu'à vos tripes
Le plaisir de détruire

Comme le vent qui frappe à ma fenêtre
Je crie ma détresse
Moi qui suis écrasé
Sous les débris d'une société perfide

Donne-moi ta virginité
Fille de l'enfer, odeur de pourriture

Célébrez dans la forêt
La mort du poète
Célébrez jusqu'à l'ivresse
Les dernierd jours du nirvâna

Les insectes prennent leurs restes
Alors fuyez dans le désert
Soyez purs et priez
Pour votre survie,
Mangez le sable et buvez
Votre sang

LE SERPENT ENLACE MON COU

QUI SE TORD DE DOULEUR,

JE CRIE MA DÉTRESSE...

LAISSEZ VENIR

Laissez venir
Princes et rois,
Fous et guignols,
Le temps est venu
Pour chanter et crier,
Pour voler et danser

Laissez venir
Filles et garçons,
Femmes et hommes,
Le temps est venu
Pour VOLER VOLER VOLER...

RÊVE BLANC

I
Ce qui jaillit
De mon corps
La blancheur de la vie
De mes veines s'écoule
Seconde par seconde
Appréciant ainsi
Ce doux frisson glacé.

D'UN INSTANT À L'AUTRE

Jouir
De l'instant qui s'offre à nous,
D'un baiser sur des lèvres mouillées,
De mille caresses souvent répétées

Jouir
De l'instant qui s'offre à nous
Comme si c'était pour la drnière fois

NUIT DE JANVIER
(sabotage)

Le jus de ton sein
Amer comme le fléau de Dieu
Représente bien la terre qui se fend
Sous les pas d'une armée débauchée

Comment pourrais-je oublier
Cettre nuit où les étoiles
Tissaient leurs linceuls au petit point
Pour y ensevelir les ruines
D'un amour confondu ?

Les barbelés de ma conscience
Retiennent loin de moi
L'idée d'aimer à nouveau,
L'idée d'aimer la femme dont la langue est pointue
Et qui se baigne dans le feu

Femme aux sabots,
Tête de serpent

La mer déverse maintenant
À n'en plus finir
Sur ma tombe de granit

Élognez-vous de moi
Démons sans tête,
Entrailles achetées au prix du gros
Par le diable lui-même

BANDE DE SANS-COEUR

INERTE

Que fais-tu de ces doigts
Inertes
Qui longent les draps
Et qui ne supplient
Que par leurs longues complaintes
À toucher - farouches - mille passions
Proscrites ?

Touche et ne veille que sur la peau
D'où ton regard
Se fait vicieux,
Sens les encens et les baumes
Qui inondent et transpercent
Nos odorats

Mon corps frappé de désirs,
Luxure de prince,
Frémit - bondit
Se creuse d'amour d'où la sève
Devient un flot abondant

(Ohhh, enveloppé de satin,
De velours et de soie,
Je suis nu
Comme moi-même - foetus
Je fus conçu)

Que fais-tu de ton corps
Inerte
D'où les valses se confondent
Aux cadences de ton coeur ?

Tu oublies les humeurs
Qui te font emmerdeuse,
Toi qui un jour a séduit
Le pauvre 'iable

Ton sein est doux
Et tes côtes sont
Mes jouissance qui - frivoles -
Me font sauter
En leurs chairs
Et m'extasient en des lieux
De finesses sans fin

J'espère,
Femme aux mille intentions,
Que tu sauras boire l'essence
Qui s'écoule de mes veines
Car je suis aux abois
Aux côtés de toi

Toi mon inerte

LES YEUX FERMÉS SUR LE MONDE

Ce jour de printemps
Est frais comme la fleur
Qui s'épanouit dans le jardin.
Les nuages - couleur crème -
Se pourchassent dans le ciel

Je m'étends dans l'herbe
Verte et jaune
Parmi les marguerites et les roses
Et je respire, les yeux fermés
Sur le monde

Les moustiques font bourdonner
Leurs ailes dans mes oreilles,
Les oiseaux me chantent
Leur berceuse
Et les tamias écureuils chevreuils
M'accompagnent dans mon sommeil

Ce jour de printemps
Est frais comme la fleur
Qui s'épanouit dans le jardin.
Les nuages - couleur crème -
Se pourchassent dans le ciel
Et moi je rêve
        Encore

Hier, dans la ville
Grise blanche froide
Je souffrais,
Je souffrais d'une maladie que j'appelle

        SOCIALE

Aujourd'hui, dans le pré
Je someille parmi la nature
Verte et jaune
Rouge et bleue
Rose et blanche

Aujourd'hui, dans le pré
Je rêve d'un monde
Vert et jaune
Rouge et bleu
Rose et blanc

Mes compagnons de la ville
Grise blanche froide
Ne cessent de pleurer
Et de crier
SOUFFRANCE SOUFFRANCE,
Mais je leur dis:
Venez chanter avec moi,
Venez admirer les oiseaux dans le ciel,
Buvez l'eau claire qui descend
Des rochers.
Mais mes compagnons de la ville
Grise blanche froide,
Dans leurs souffrances, me répondent:
Le rêve n'apporte gains.

Étendu dans l'herbe
Verte et jaune
Parmi les marguerites et les roses
Je respire, les yeux fermés
Sur le monde
Et dans mes têves
Je n'apporte aucune souffrance
À mon cœur

AU MATIN BRÛLANT D'AMOUR

Au matin brûlant d'amour
Je vais de ce pas
Recréer la création.
La nature n'attend que moi
Pour parler aux gens distraits

Vous les arbres...!
Que j'ai donc hâte
De vous figer
Sur mon papier vierge,
Blanc-solitude
Et toi, la rivière,
Je t'invite à plonger
Dans ma source d'admiration,
Premier des réflexes

Mon pinceau trace l'horizon
Sur un fond de beauté,
Les couleurs se dilatent
Dans une eau trouble
Et la lumière transperce, réchauffe
Mon dessin

Je peins la vie
Aux vibrations du vent
Écoutant les directives
Que le songe me donne

Au matin brûlant d'amour,
Je vais de ce pas
Recréer la création.
La nature n'attend que moi
Pour parler aux gens distraits,

Réveillez-vous !

TE REVERRAI-JE ?

J'ai pleuré cinq fois
À me voir quitter...

              J'ai pleuré une fois

Pour l'horizon
Les arbres et le ciel,
Pour deux rivières
Où je bus
Mon plaisir

              J'ai pleuré deux fois

Pour les nuits
Que j'embrassai
Comme l'amour
De mes fatigues,
Le repos

              J'ai pleuré trois fois

Pour une dame
Qui sautait
Comme une hirondelle,
Elle était belle,
Soixante-quinze ans

              J'ai pleuré quatre fois

Pour une femme,
Belle comme un ange
Qui souriait au vagabond,
Souvenir à ne perdre,
La reverrai-je ?

J'ai pleuré cinq fois
À me voir quitter...

Ohhh! Que de dentelles
Cousues de fil d'argent,
Les chemins
Parsemés de diamants
Où l'amour fleurit comme le
Printemps

Te reverrai-je ?

www.ingramcontent.com/pod-product-compliance
Lightning Source LLC
Chambersburg PA
CBHW071738020426
42331CB00008B/2083